Diogenes Cartoon Classics

Sempé
Kinder, Kinder!

Diogenes

Ausgewählt von
Daniel Keel und Daniel Kampa
Nachweis am Schluss
des Bandes
Covermotiv: Illustration von
Jean-Jacques Sempé

Eigentlich wünsche ich mir nur eines für ihn:
dass er in den Medien ankommt!

*Ist es nicht rührend sich vorzustellen, dass diese kleinen Dinger
eines Tages Erwachsene sein werden wie wir...*

Ich kann gehen!

Komm! Sei kein Kind!

Strafe muss sein.

Ich habe genau mitgezählt:
Ich habe erst sechs von euch versohlt.
Wer sind die beiden,
die hier bloß Komödie spielen?

1

2

3

4

Was hat er denn nun schon wieder angestellt!

I

2

3

4

5

1

2

3

4

5

6

7

8

9

10

11

12

13

14

15

16

Hört endlich auf mit eurem Gequengel!
Wer meine Brille kaputtmacht, geht auch nicht baden!

– *Mami! Mir ist langweilig ...*

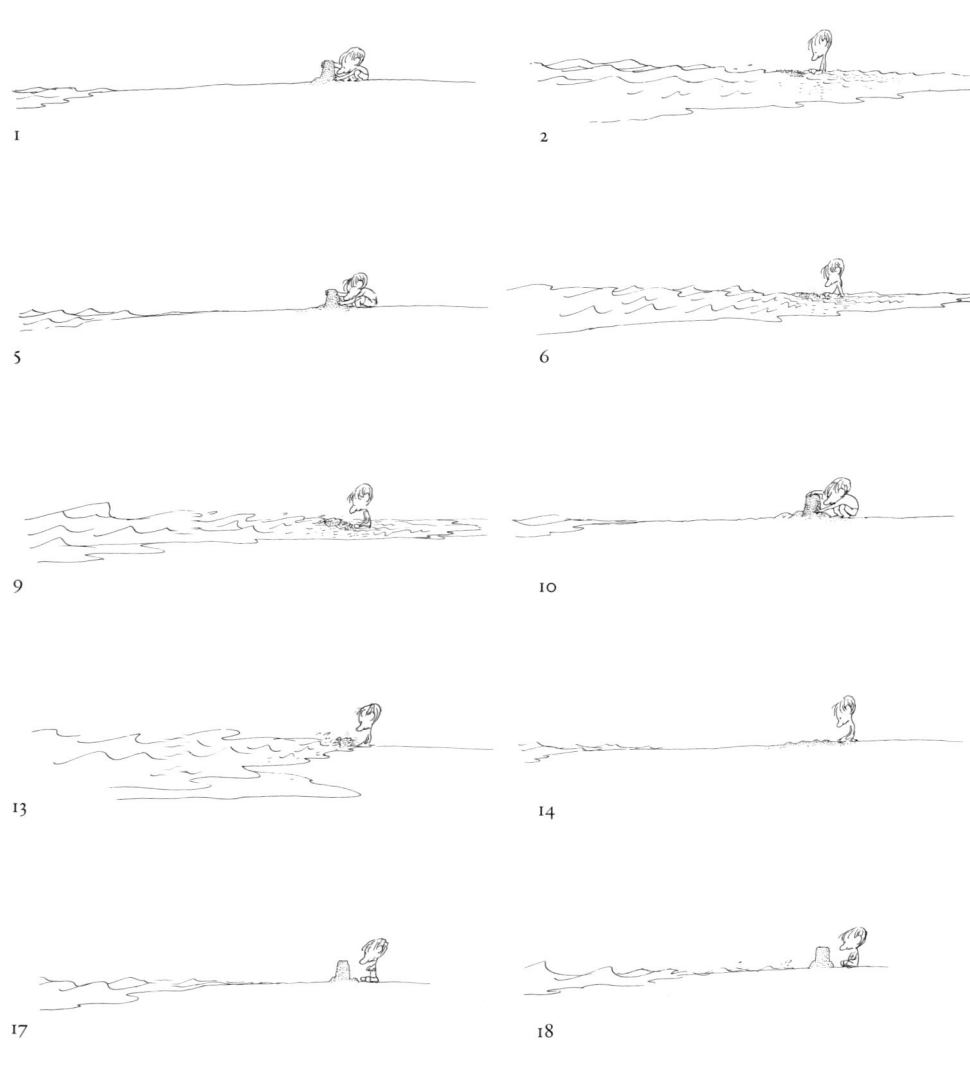

1

2

5

6

9

10

13

14

17

18

3

4

7

8

II

I2

I5

I6

I9

20

Darauf habe ich zu ihnen gesagt: Wenn ihr euch für so schlau haltet,
werdet ihr eben eine halbe Stunde nachsitzen.

*Das ist ein großes Fest, Robert,
es ist ein Fest für alle.
Du musst den Luftballon loslassen,
du darfst ihn nicht für dich behalten.*

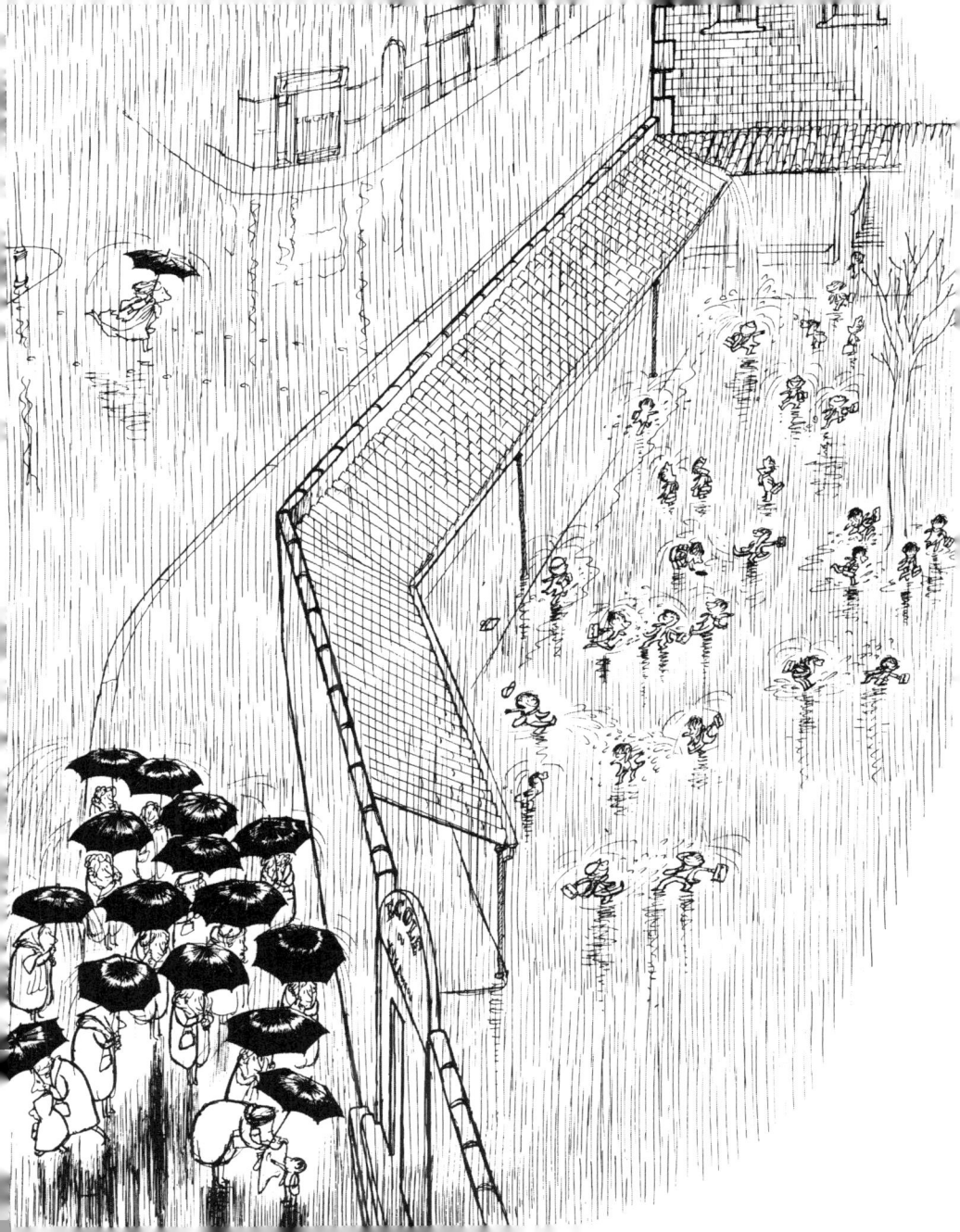

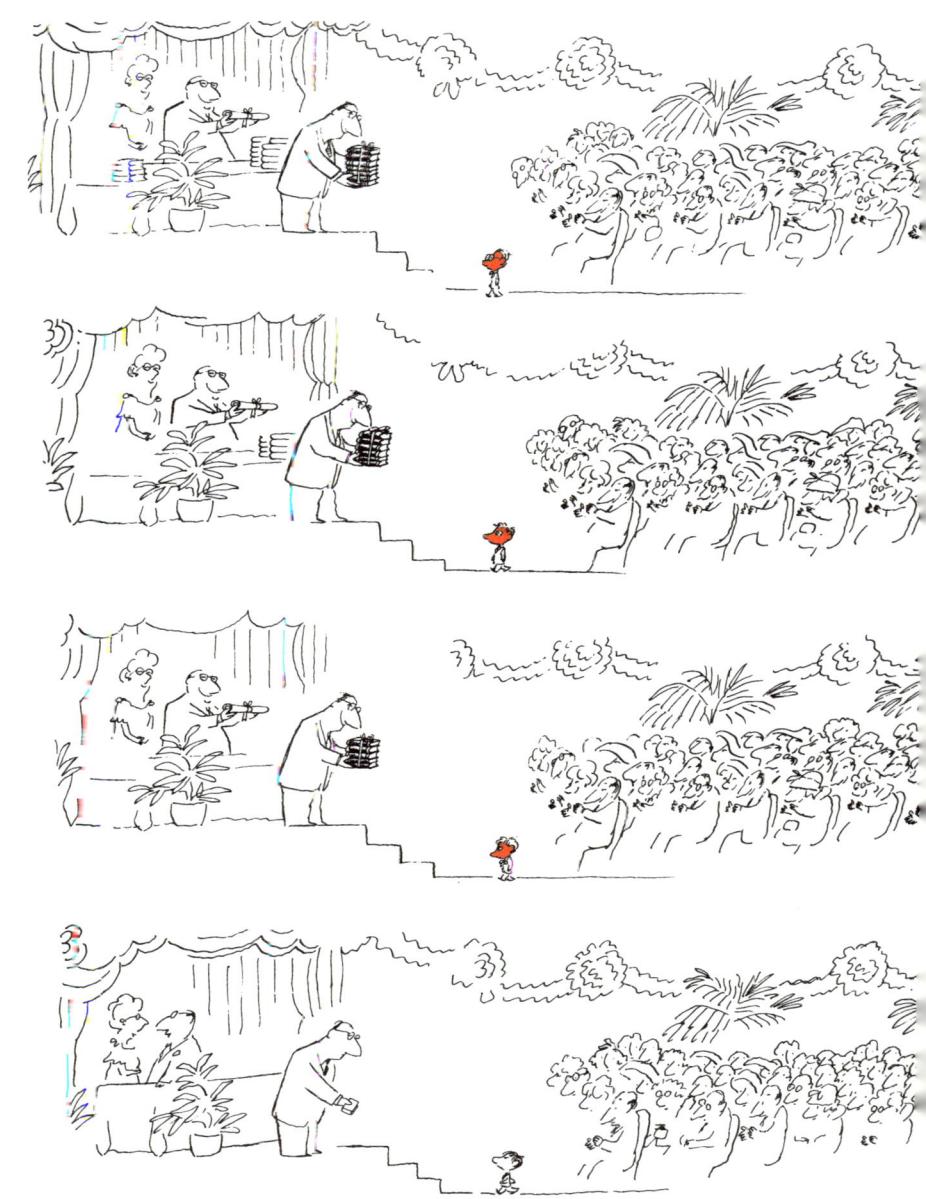

1

2

3

4

5

Die Zeichnungen sind folgenden Werken entnommen:
Nichts ist einfach (1968), *Der Morgenmensch* (1984), *Unergründliche Geheimnisse* (1995), *Sempé's Radfahrer* (1998), *Traumtänzer* (1999), *Schöne Aussichten* (2001), *Sempé's Paris* (2002), *Heiter bis wolkig* (2004), *Sempé's Frankreich* (2006).
Die Zeichnungen auf Seite 24, 36, 37, 38, 48, 52 und 78 erscheinen mit freundlicher Genehmigung der Galerie Martine Gossieaux, Paris.